Historietas Juveniles: Biografías™

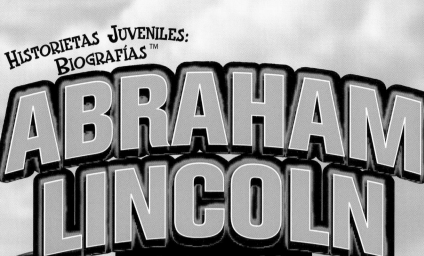

Abraham Lincoln

y la Guerra Civil

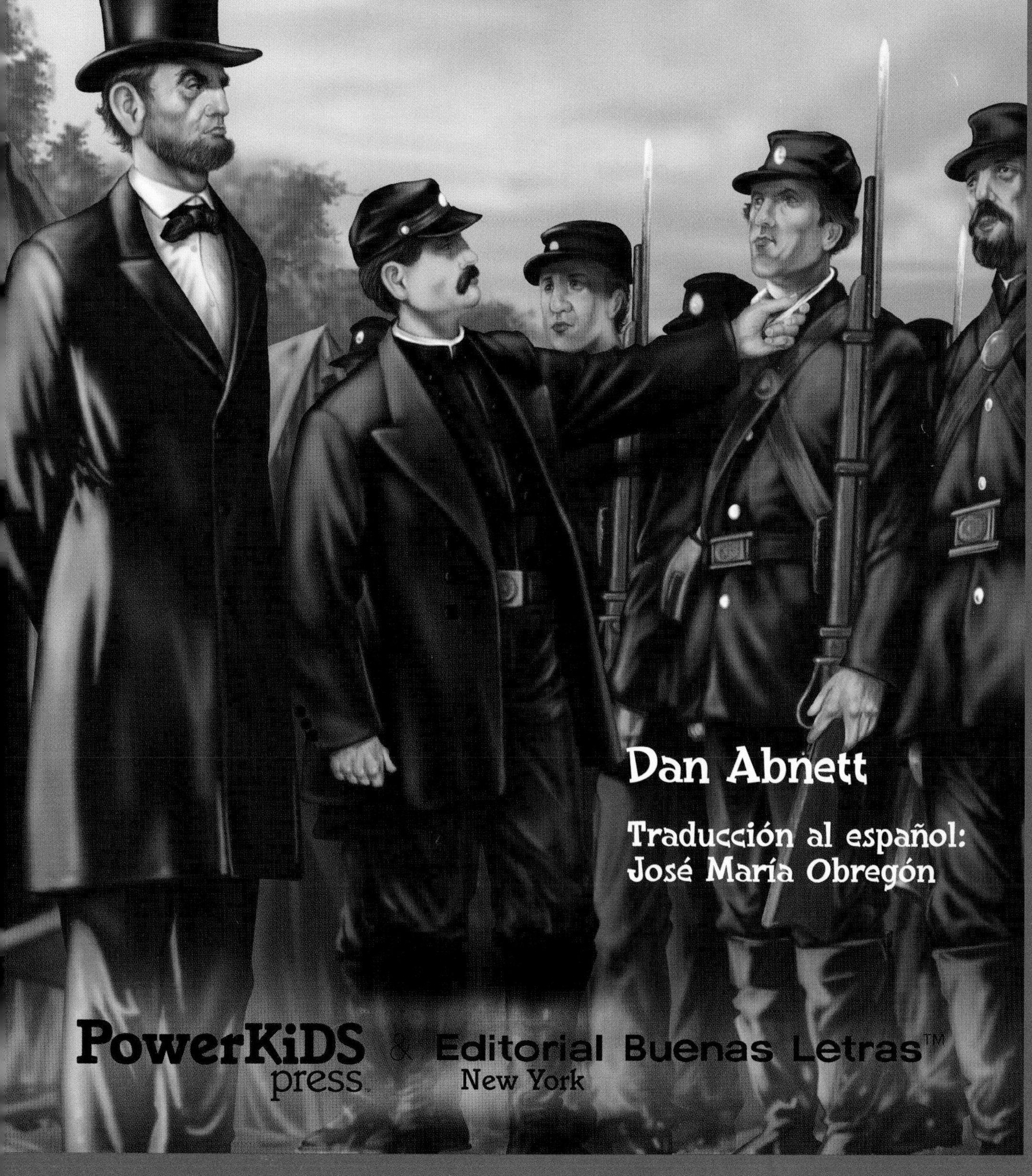

Dan Abnett

Traducción al español: José María Obregón

PowerKiDS press. & Editorial Buenas Letras™
New York

Published in 2009 by The Rosen Publishing Group, Inc.
29 East 21st Street, New York, NY 10010

First Edition

Editor: Joanne Randolph
Spanish Edition Editor: Mauricio Velázquez de León
Book Design: Julio Gil
Illustrations: Q2A

Library of Congress Cataloging-in-Publication Data

Abnett, Dan.
  [Abraham Lincoln and the Civil War. Spanish]
  Abraham Lincoln y la Guerra Civil / Dan Abnett ; traducción al español: José María Obregón. – 1st ed.
      p. cm. – (Historietas juveniles, biografías)
  Includes index.
  ISBN 978-1-4358-8561-5 (hardcover) – ISBN 978-1-4358-3316-6 (pbk.) – ISBN 978-1-4358-3317-3 (6-pack)
  1. Lincoln, Abraham, 1809-1865–Juvenile literature. 2. Presidents–United States–Biography–Juvenile literature. 3. United States–History–Civil War, 1861-1865–Juvenile literature. I. Title.
  E457.905.A2618 2009
  973.7092–dc22
  [B]
                                                           2008048449

Manufactured in the United States of America

CONTENIDO

PERSONAJES PRINCIPALES

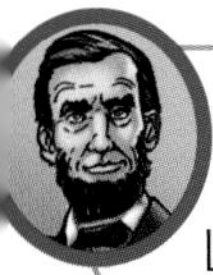

Abraham Lincoln (1809–1865) Décimosexto Presidente de los Estados Unidos y jefe de la armada de la **Unión** durante la **Guerra Civil**. Lincoln se **oponía** a la esclavitud, una de las causas de la Guerra Civil.

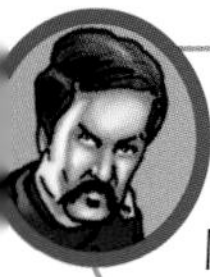

George McClellan (1826–1885) Comandante de la armada de los Estados Unidos en los primeros años de la guerra. Lincoln pensaba que McClellan era muy cauteloso y que no quería pelear en una batalla importante.

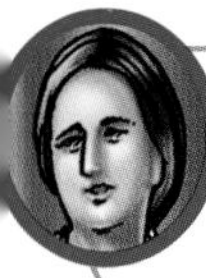

Mary Todd Lincoln (1818–1882) Se casó con Abraham Lincoln en 1842. La muerte de su esposo y de sus tres hijos la hicieron caer en una tristeza profunda.

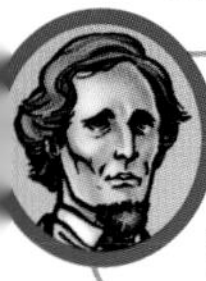

Jefferson Davis (1808–1889) Presidente de los Estados Confederados de América durante la Guerra Civil. Antes de la Guerra Civil, Davis fue un héroe de la armada de los Estados Unidos en la guerra con México.

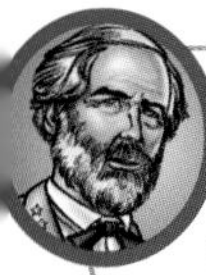

Robert E. Lee (1807-1870) Comandante del ejército Confederado, Lee ganó muchas batallas muy importantes para los Estados Confederados a pesar de la superioridad del ejército de la Unión.

ABRAHAM LINCOLN Y LA GUERRA CIVIL

LA GUERRA CIVIL DE LOS ESTADOS UNIDOS COMENZÓ EN 1861. EN AQUELLOS AÑOS, LOS ESTADOS UNIDOS ESTABAN **DIVIDIDOS** EN DOS PARTES: EL NORTE, O LOS ESTADOS DE LA UNIÓN, Y EL SUR, O ESTADOS CONFEDERADOS.

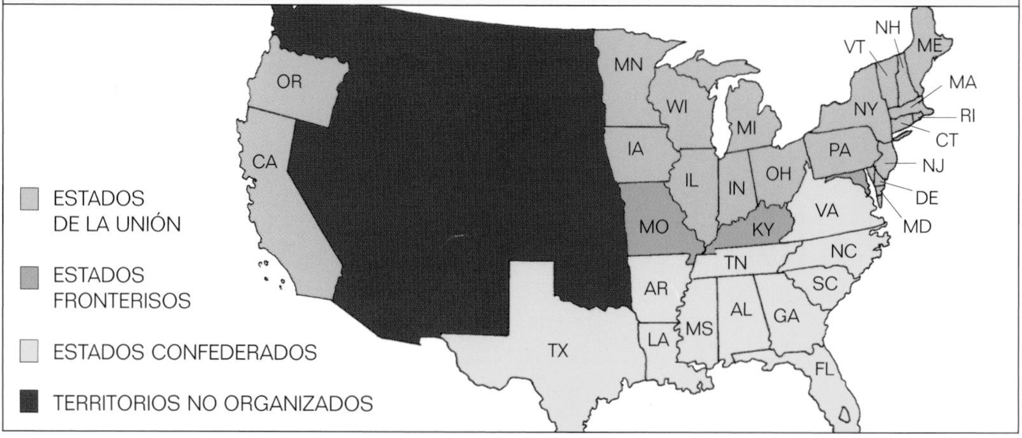
ESTADOS DE LA UNIÓN
ESTADOS FRONTERISOS
ESTADOS CONFEDERADOS
TERRITORIOS NO ORGANIZADOS
OR
CA
MN
WI
MI
IA
IL
IN
OH
MO
KY
NY
PA
VT
NH
ME
MA
RI
CT
NJ
DE
MD
VA
NC
TN
SC
AR
AL
GA
MS
LA
TX
FL

LA **ECONOMÍA** DEL SUR SE BASABA EN LA AGRICULTURA. LOS ESCLAVOS SE USABAN PARA COSECHAR ALGODÓN, **TABACO** Y OTROS CULTIVOS.

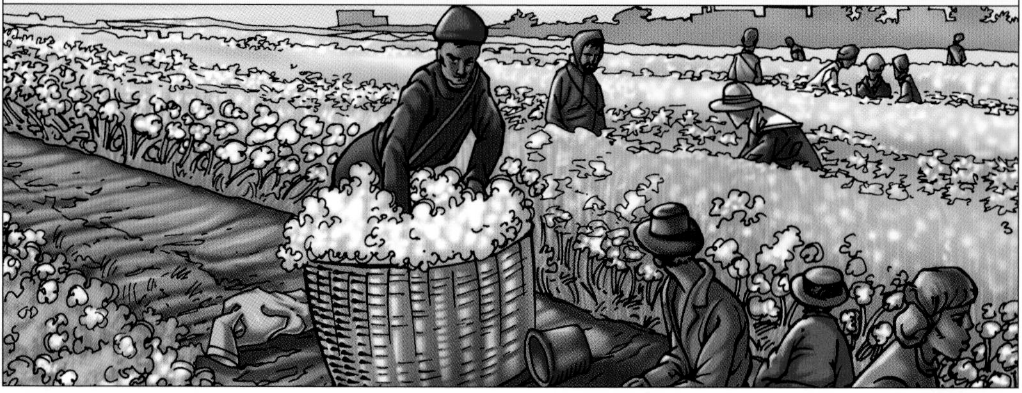

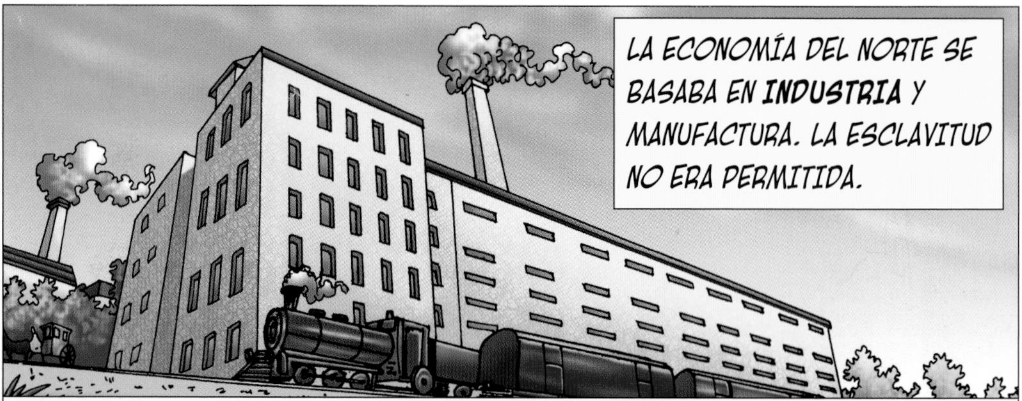

LA ECONOMÍA DEL NORTE SE BASABA EN **INDUSTRIA** Y MANUFACTURA. LA ESCLAVITUD NO ERA PERMITIDA.

LA ESCLAVITUD FUE UNA DE LAS RAZONES DE LA GUERRA CIVIL. ADEMÁS, LA ESCLAVITUD FORMÓ UNA PARTE IMPORTANTE EN LA VIDA DE ABRAHAM LINCOLN.

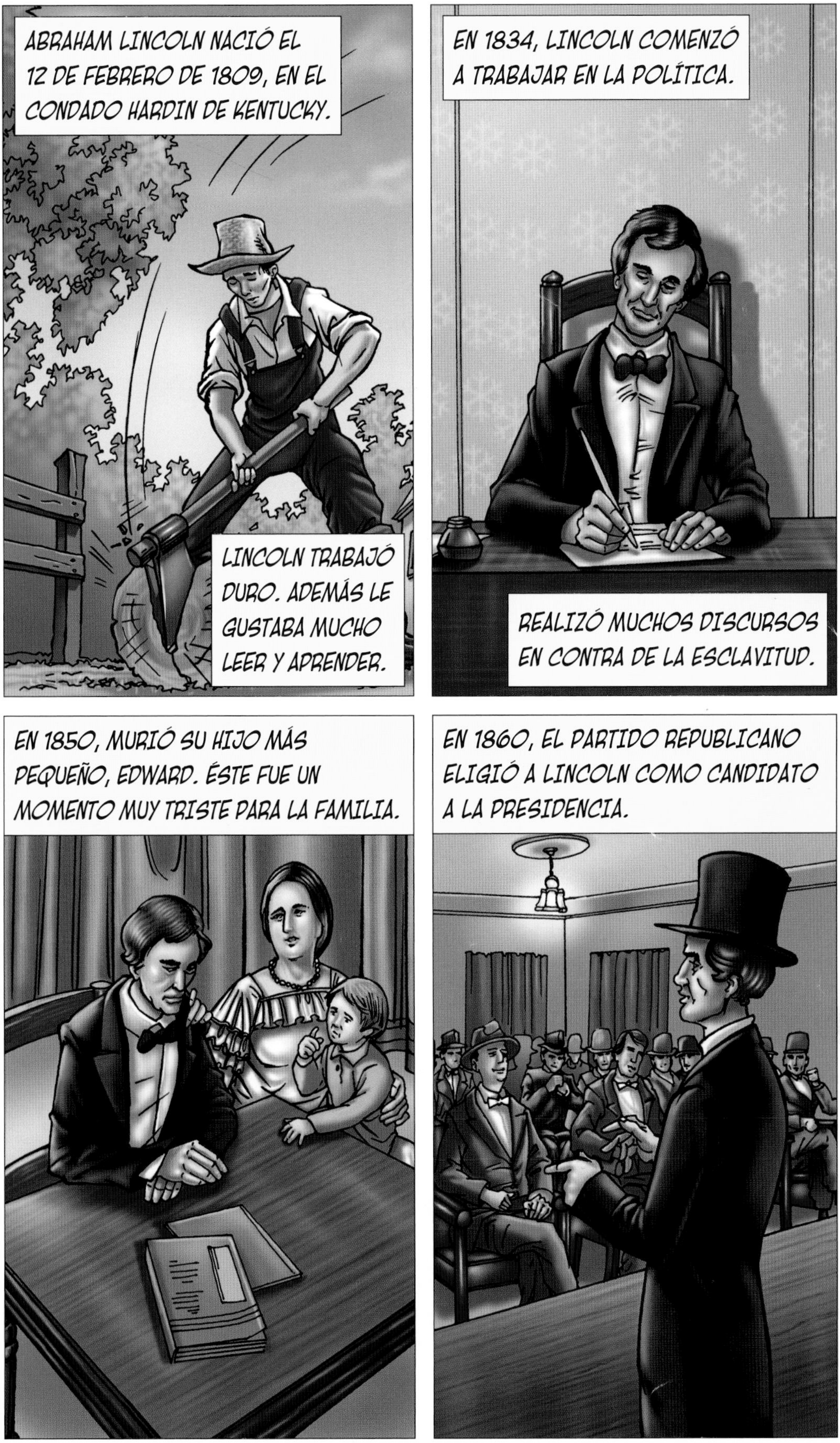
ABRAHAM LINCOLN NACIÓ EL 12 DE FEBRERO DE 1809, EN EL CONDADO HARDIN DE KENTUCKY.
LINCOLN TRABAJÓ DURO. ADEMÁS LE GUSTABA MUCHO LEER Y APRENDER.
EN 1834, LINCOLN COMENZÓ A TRABAJAR EN LA POLÍTICA.
REALIZÓ MUCHOS DISCURSOS EN CONTRA DE LA ESCLAVITUD.
EN 1850, MURIÓ SU HIJO MÁS PEQUEÑO, EDWARD. ÉSTE FUE UN MOMENTO MUY TRISTE PARA LA FAMILIA.
EN 1860, EL PARTIDO REPUBLICANO ELIGIÓ A LINCOLN COMO CANDIDATO A LA PRESIDENCIA.

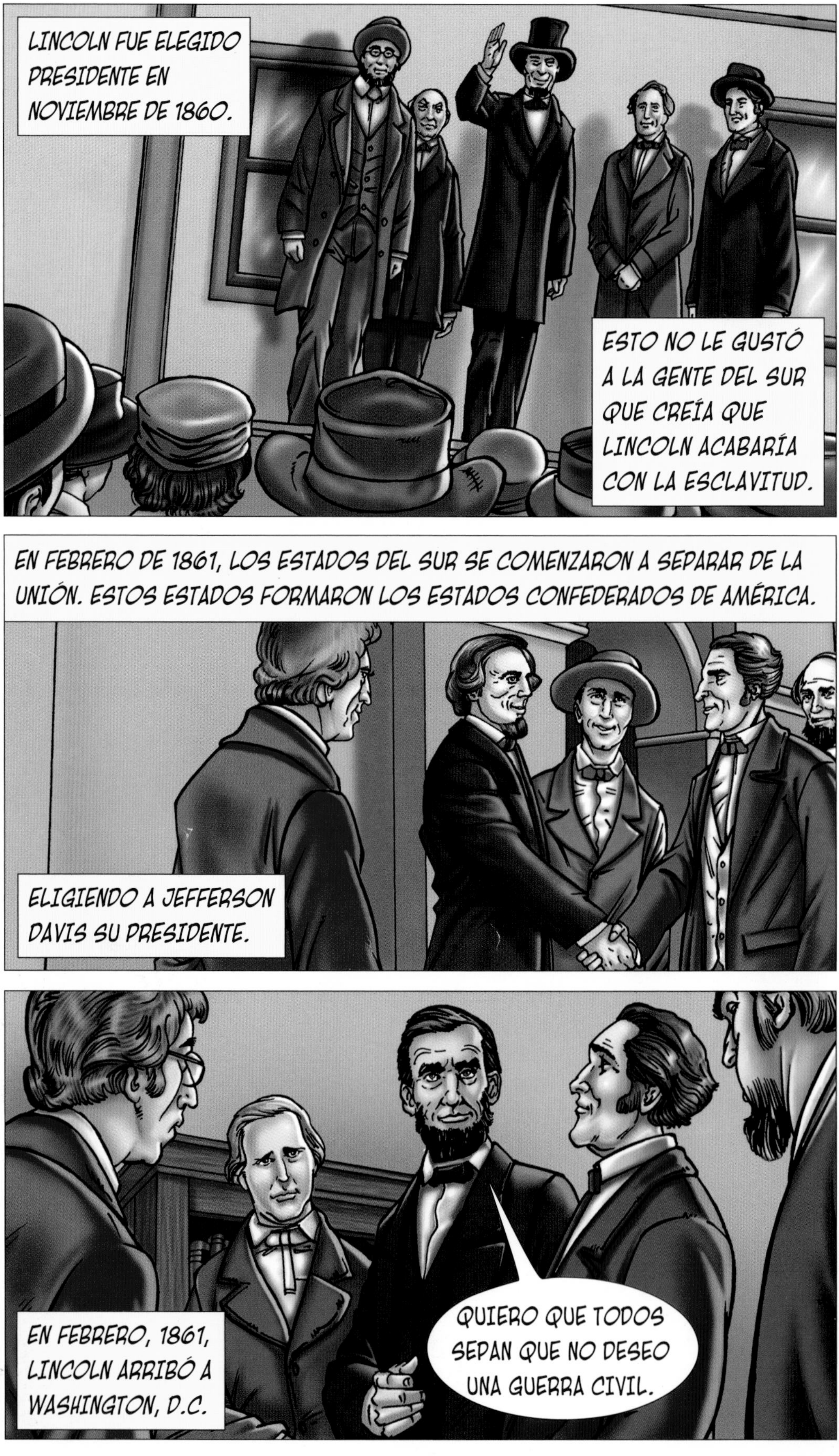
LINCOLN FUE ELEGIDO PRESIDENTE EN NOVIEMBRE DE 1860.
ESTO NO LE GUSTÓ A LA GENTE DEL SUR QUE CREÍA QUE LINCOLN ACABARÍA CON LA ESCLAVITUD.
EN FEBRERO DE 1861, LOS ESTADOS DEL SUR SE COMENZARON A SEPARAR DE LA UNIÓN. ESTOS ESTADOS FORMARON LOS ESTADOS CONFEDERADOS DE AMÉRICA.
ELIGIENDO A JEFFERSON DAVIS SU PRESIDENTE.
EN FEBRERO, 1861, LINCOLN ARRIBÓ A WASHINGTON, D.C.
QUIERO QUE TODOS SEPAN QUE NO DESEO UNA GUERRA CIVIL.

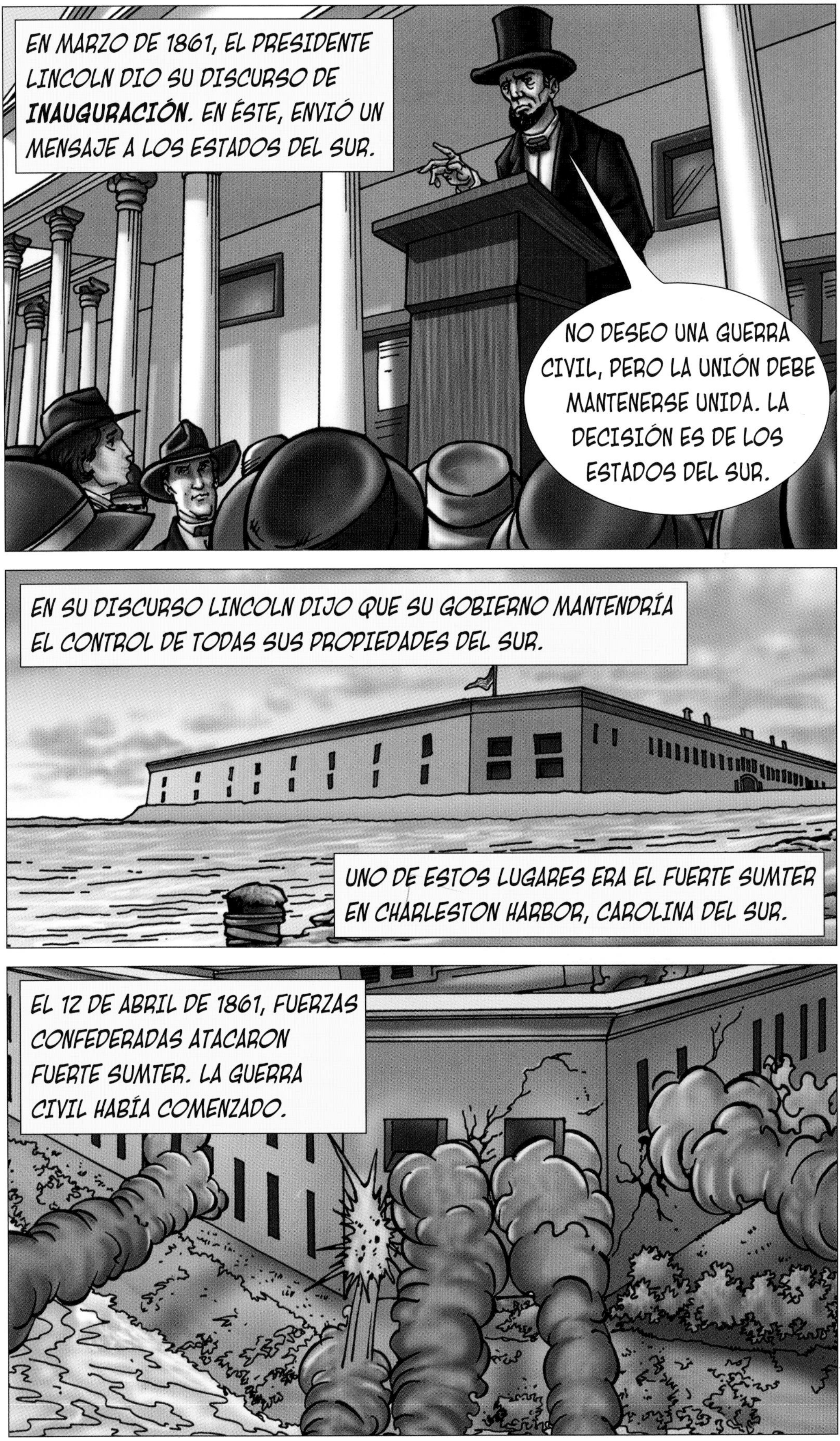
EN MARZO DE 1861, EL PRESIDENTE LINCOLN DIO SU DISCURSO DE **INAUGURACIÓN**. EN ÉSTE, ENVIÓ UN MENSAJE A LOS ESTADOS DEL SUR.
NO DESEO UNA GUERRA CIVIL, PERO LA UNIÓN DEBE MANTENERSE UNIDA. LA DECISIÓN ES DE LOS ESTADOS DEL SUR.
EN SU DISCURSO LINCOLN DIJO QUE SU GOBIERNO MANTENDRÍA EL CONTROL DE TODAS SUS PROPIEDADES DEL SUR.
UNO DE ESTOS LUGARES ERA EL FUERTE SUMTER EN CHARLESTON HARBOR, CAROLINA DEL SUR.
EL 12 DE ABRIL DE 1861, FUERZAS CONFEDERADAS ATACARON FUERTE SUMTER. LA GUERRA CIVIL HABÍA COMENZADO.

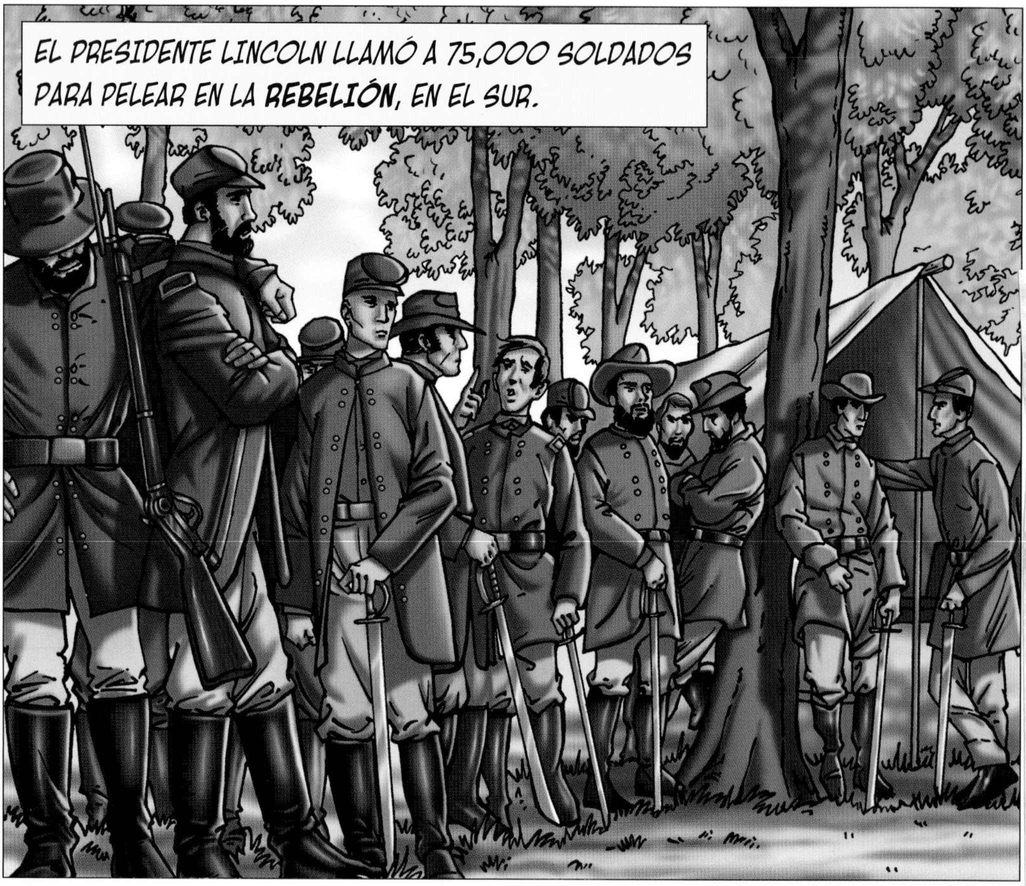
EL PRESIDENTE LINCOLN LLAMÓ A 75,000 SOLDADOS PARA PELEAR EN LA **REBELIÓN**, EN EL SUR.

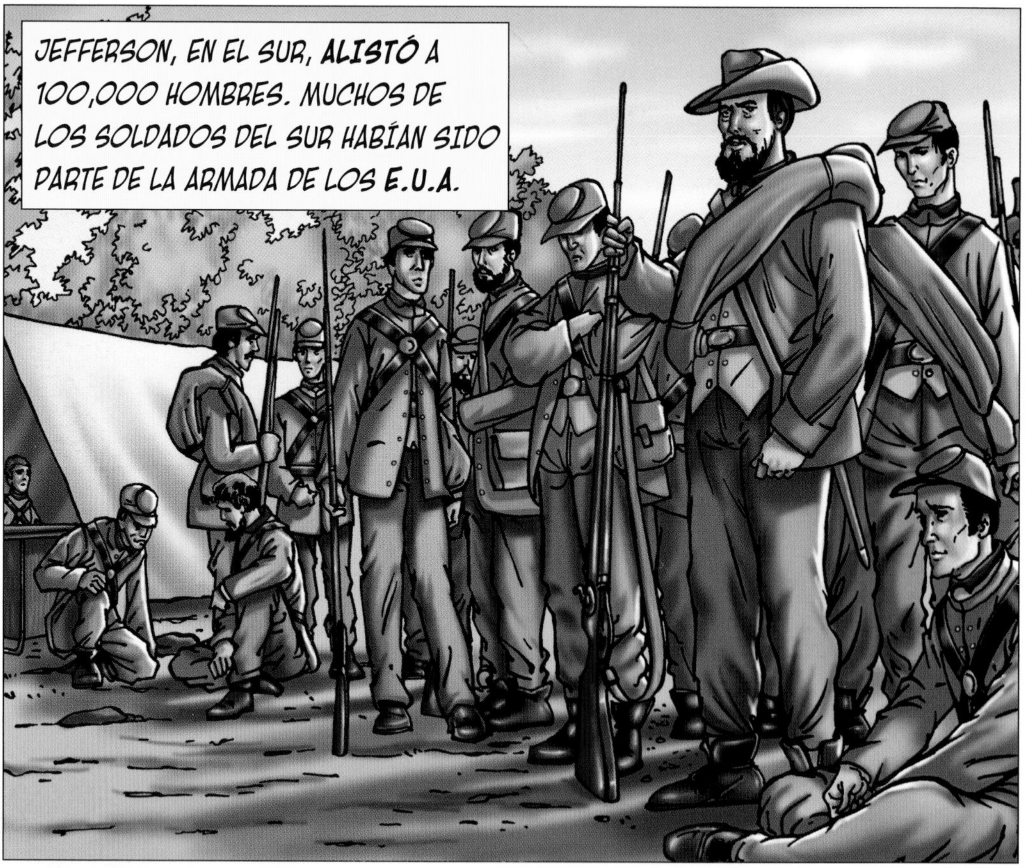
JEFFERSON, EN EL SUR, **ALISTÓ** A 100,000 HOMBRES. MUCHOS DE LOS SOLDADOS DEL SUR HABÍAN SIDO PARTE DE LA ARMADA DE LOS **E.U.A.**

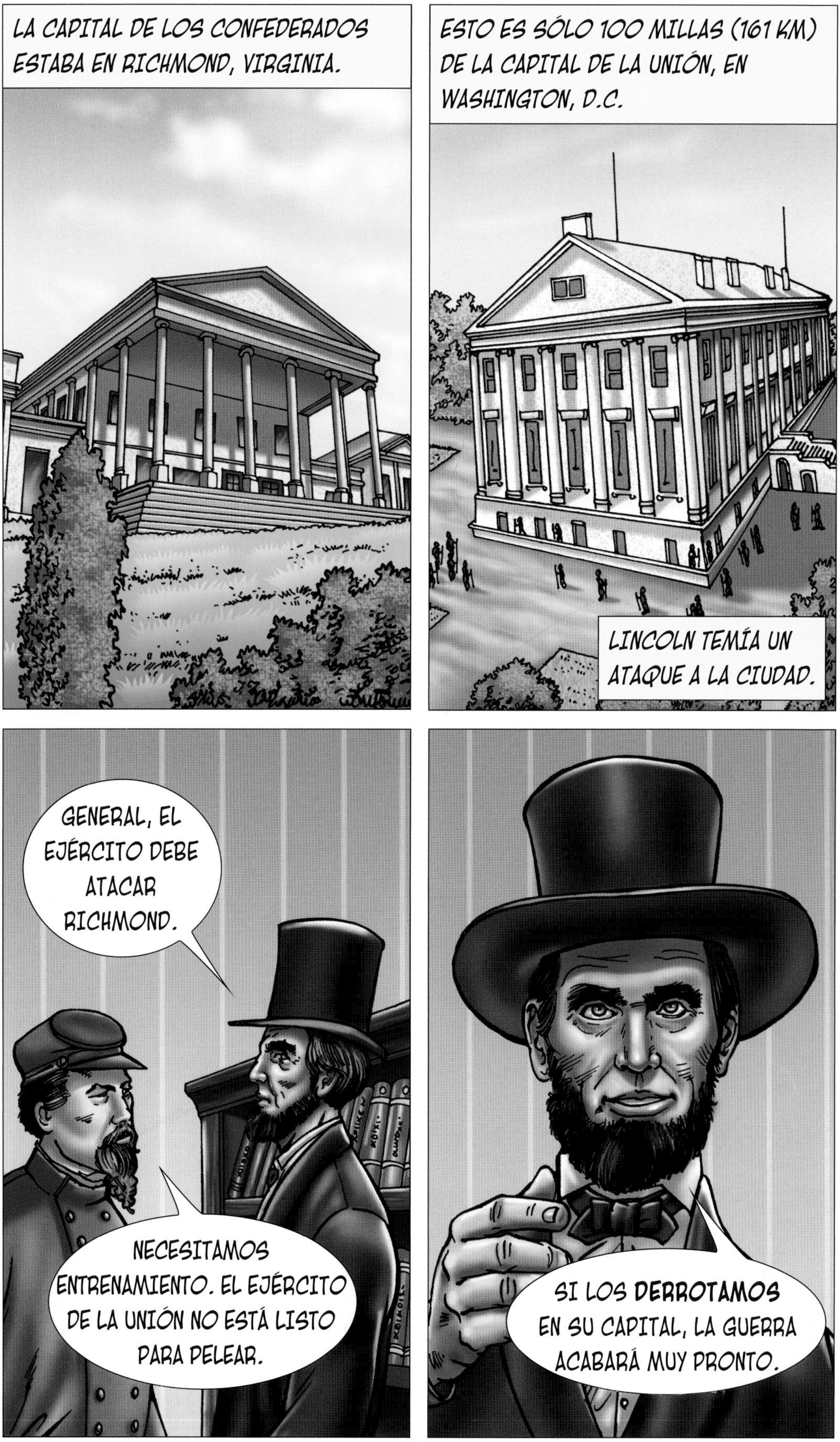
LA CAPITAL DE LOS CONFEDERADOS ESTABA EN RICHMOND, VIRGINIA.
ESTO ES SÓLO 100 MILLAS (161 KM) DE LA CAPITAL DE LA UNIÓN, EN WASHINGTON, D.C.
LINCOLN TEMÍA UN ATAQUE A LA CIUDAD.
GENERAL, EL EJÉRCITO DEBE ATACAR RICHMOND.
NECESITAMOS ENTRENAMIENTO. EL EJÉRCITO DE LA UNIÓN NO ESTÁ LISTO PARA PELEAR.
SI LOS **DERROTAMOS** EN SU CAPITAL, LA GUERRA ACABARÁ MUY PRONTO.

EL 21 DE JULIO DE 1861, LOS EJÉRCITOS PELEARON LA PRIMERA BATALLA DE LA GUERRA CIVIL, EN VIRGINIA. ÉSTA FUE LA PRIMERA BATALLA DE BULL RUN.

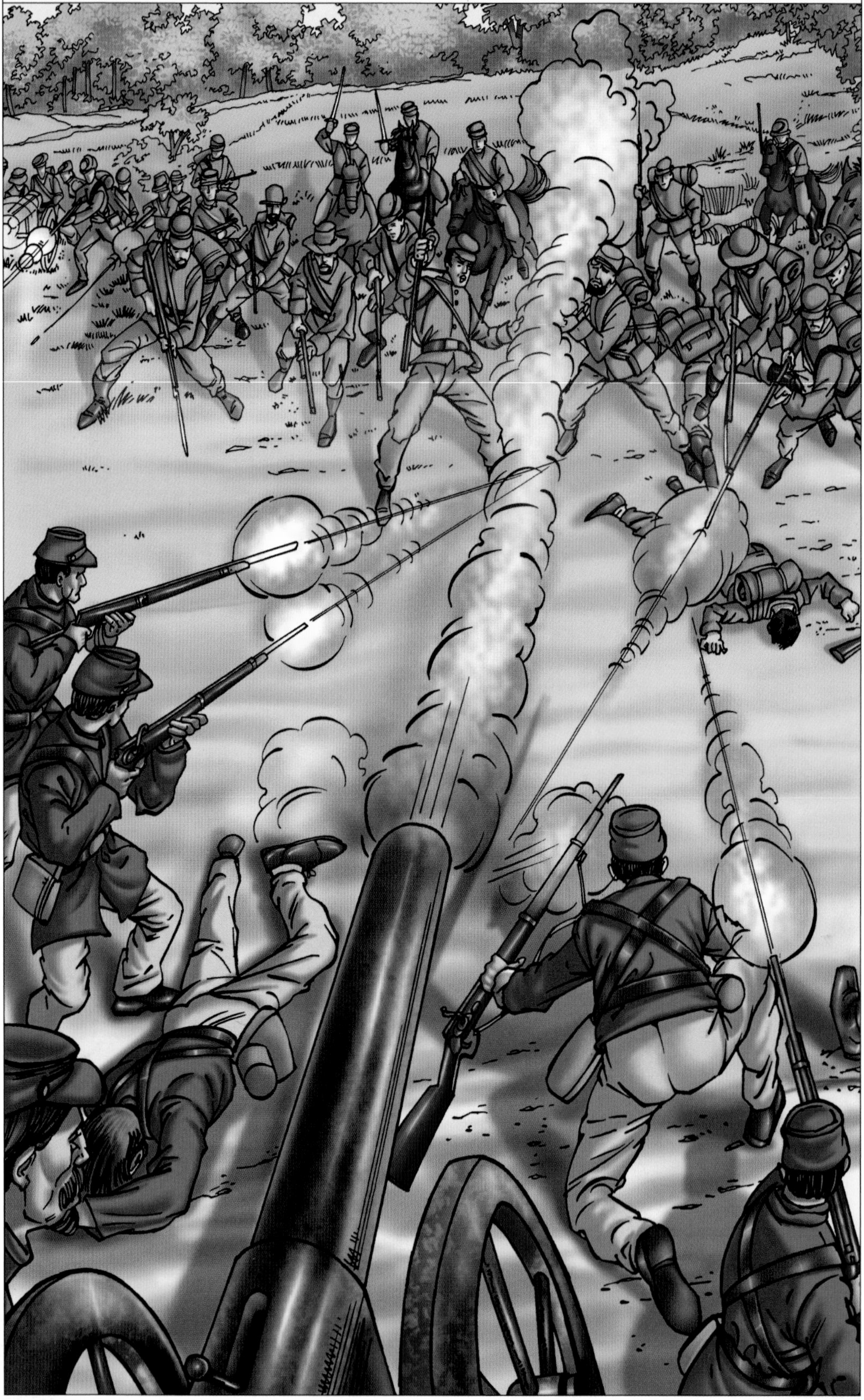

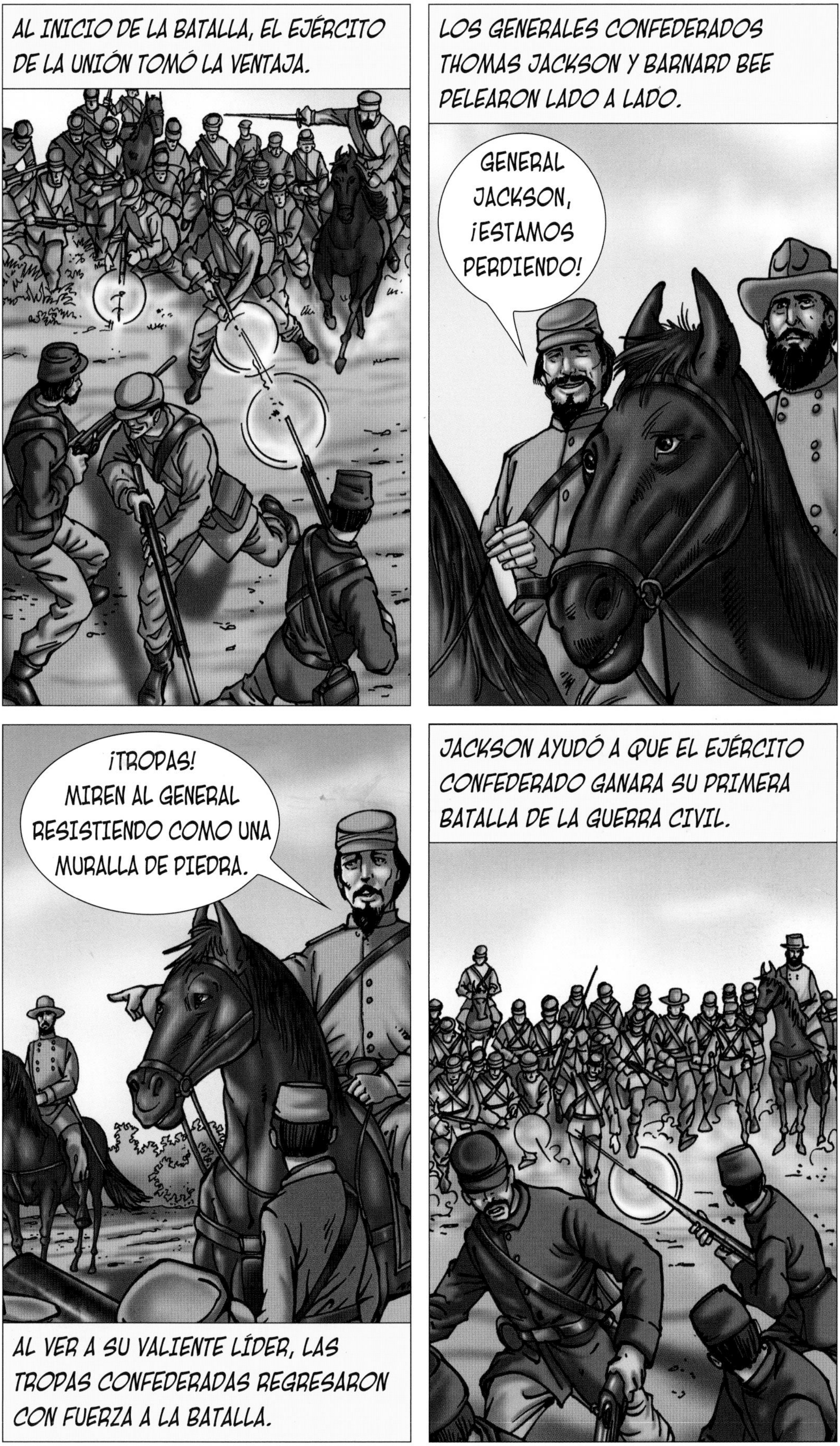
AL INICIO DE LA BATALLA, EL EJÉRCITO DE LA UNIÓN TOMÓ LA VENTAJA.
LOS GENERALES CONFEDERADOS THOMAS JACKSON Y BARNARD BEE PELEARON LADO A LADO.
GENERAL JACKSON, ¡ESTAMOS PERDIENDO!
¡TROPAS! MIREN AL GENERAL RESISTIENDO COMO UNA MURALLA DE PIEDRA.
AL VER A SU VALIENTE LÍDER, LAS TROPAS CONFEDERADAS REGRESARON CON FUERZA A LA BATALLA.
JACKSON AYUDÓ A QUE EL EJÉRCITO CONFEDERADO GANARA SU PRIMERA BATALLA DE LA GUERRA CIVIL.

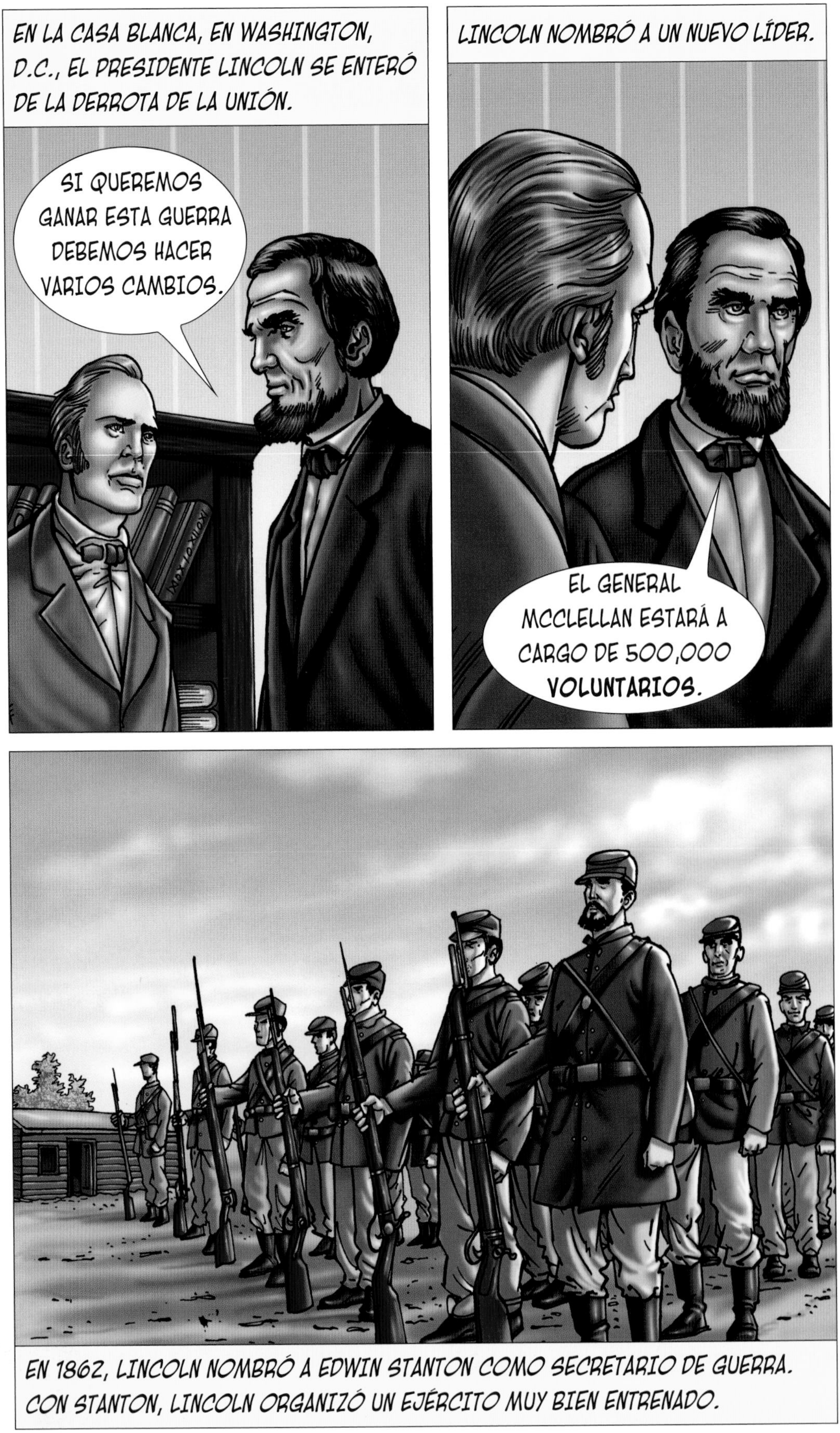
EN LA CASA BLANCA, EN WASHINGTON, D.C., EL PRESIDENTE LINCOLN SE ENTERÓ DE LA DERROTA DE LA UNIÓN.
SI QUEREMOS GANAR ESTA GUERRA DEBEMOS HACER VARIOS CAMBIOS.
LINCOLN NOMBRÓ A UN NUEVO LÍDER.
EL GENERAL MCCLELLAN ESTARÁ A CARGO DE 500,000 VOLUNTARIOS.
EN 1862, LINCOLN NOMBRÓ A EDWIN STANTON COMO SECRETARIO DE GUERRA. CON STANTON, LINCOLN ORGANIZÓ UN EJÉRCITO MUY BIEN ENTRENADO.

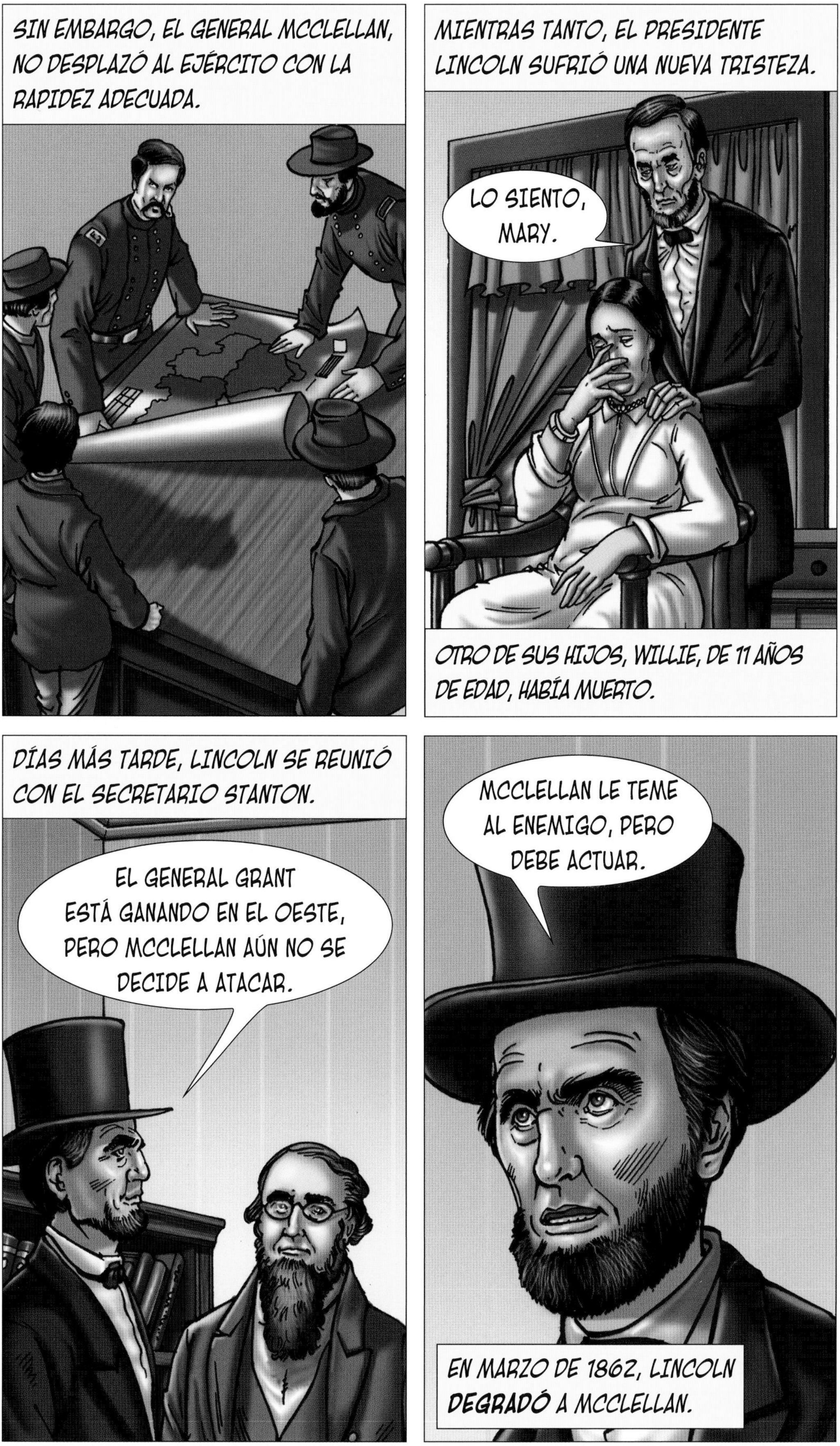
SIN EMBARGO, EL GENERAL MCCLELLAN, NO DESPLAZÓ AL EJÉRCITO CON LA RAPIDEZ ADECUADA.
MIENTRAS TANTO, EL PRESIDENTE LINCOLN SUFRIÓ UNA NUEVA TRISTEZA.
LO SIENTO, MARY.
OTRO DE SUS HIJOS, WILLIE, DE 11 AÑOS DE EDAD, HABÍA MUERTO.
DÍAS MÁS TARDE, LINCOLN SE REUNIÓ CON EL SECRETARIO STANTON.
EL GENERAL GRANT ESTÁ GANANDO EN EL OESTE, PERO MCCLELLAN AÚN NO SE DECIDE A ATACAR.
MCCLELLAN LE TEME AL ENEMIGO, PERO DEBE ACTUAR.
EN MARZO DE 1862, LINCOLN **DEGRADÓ** A MCCLELLAN.

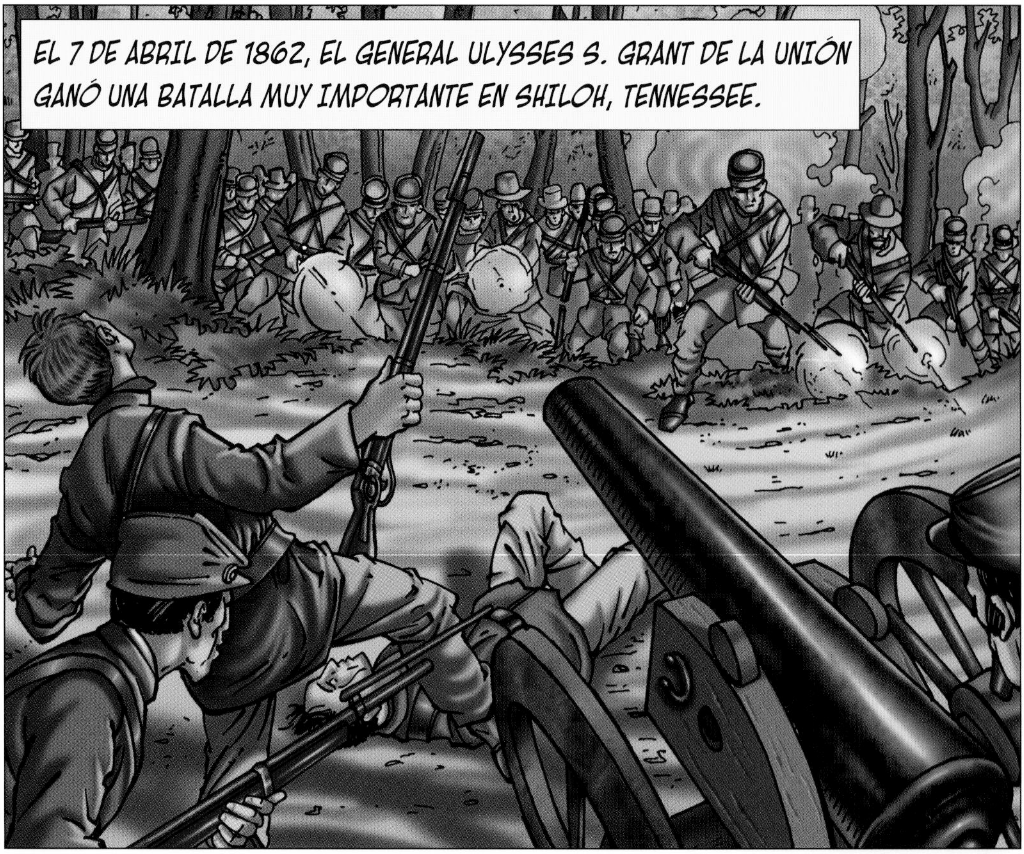
EL 7 DE ABRIL DE 1862, EL GENERAL ULYSSES S. GRANT DE LA UNIÓN GANÓ UNA BATALLA MUY IMPORTANTE EN SHILOH, TENNESSEE.

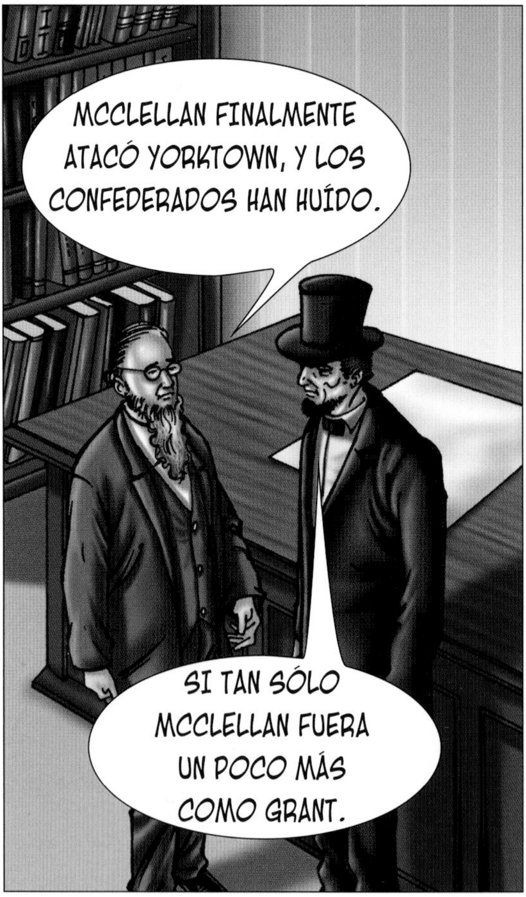
MCCLELLAN FINALMENTE ATACÓ YORKTOWN, Y LOS CONFEDERADOS HAN HUÍDO.
SI TAN SÓLO MCCLELLAN FUERA UN POCO MÁS COMO GRANT.

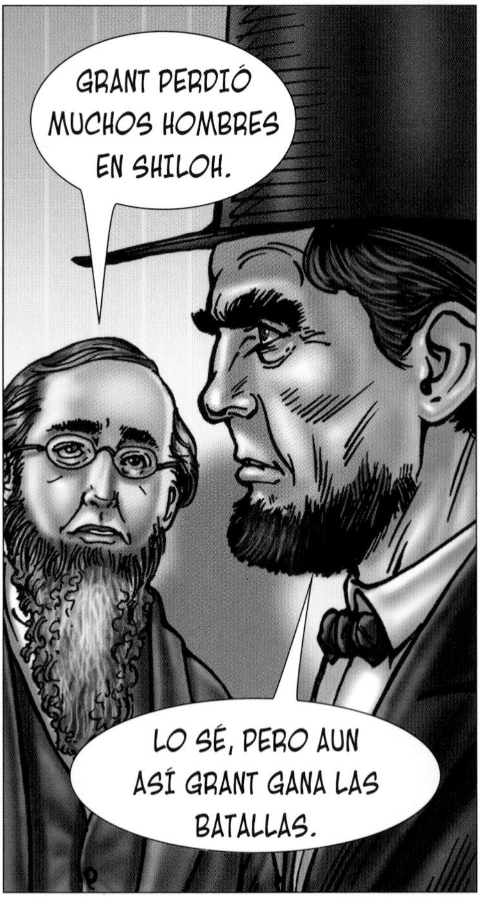
GRANT PERDIÓ MUCHOS HOMBRES EN SHILOH.
LO SÉ, PERO AUN ASÍ GRANT GANA LAS BATALLAS.

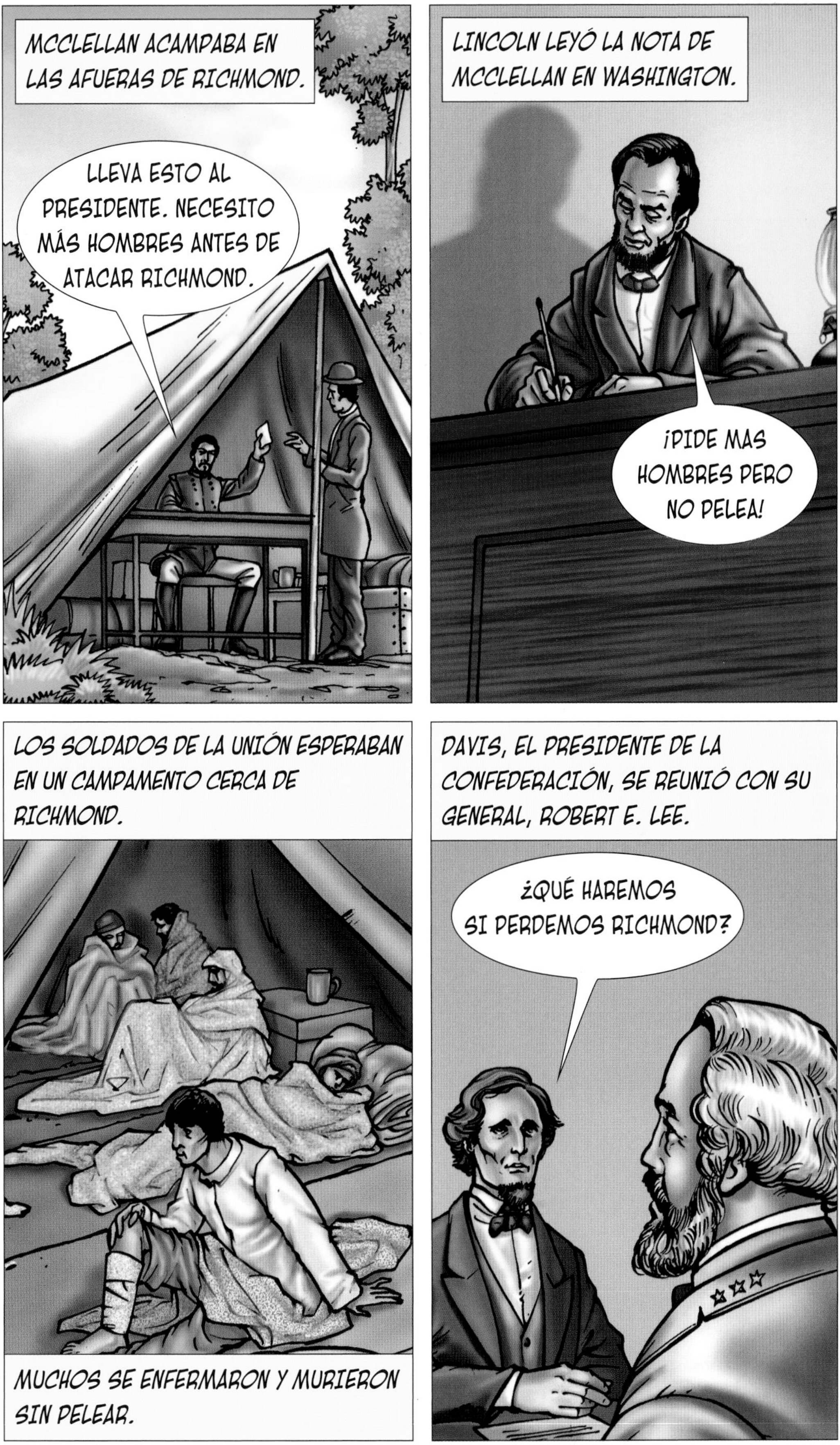
MCCLELLAN ACAMPABA EN LAS AFUERAS DE RICHMOND.
LLEVA ESTO AL PRESIDENTE. NECESITO MÁS HOMBRES ANTES DE ATACAR RICHMOND.
LINCOLN LEYÓ LA NOTA DE MCCLELLAN EN WASHINGTON.
¡PIDE MAS HOMBRES PERO NO PELEA!
LOS SOLDADOS DE LA UNIÓN ESPERABAN EN UN CAMPAMENTO CERCA DE RICHMOND.
MUCHOS SE ENFERMARON Y MURIERON SIN PELEAR.
DAVIS, EL PRESIDENTE DE LA CONFEDERACIÓN, SE REUNIÓ CON SU GENERAL, ROBERT E. LEE.
¿QUÉ HAREMOS SI PERDEMOS RICHMOND?

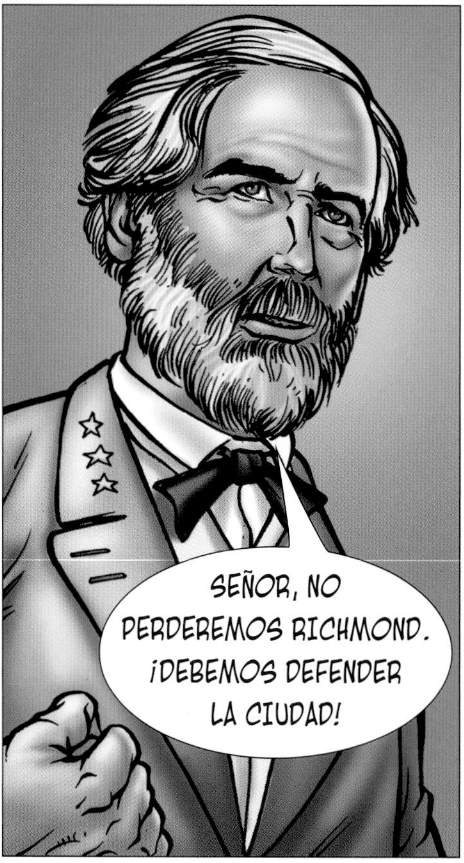
SEÑOR, NO PERDEREMOS RICHMOND. ¡DEBEMOS DEFENDER LA CIUDAD!

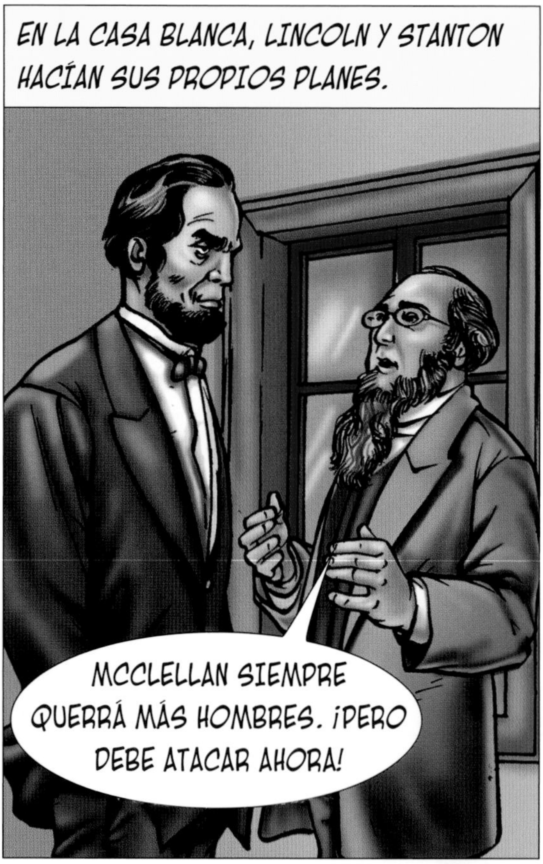
EN LA CASA BLANCA, LINCOLN Y STANTON HACÍAN SUS PROPIOS PLANES.
MCCLELLAN SIEMPRE QUERRÁ MÁS HOMBRES. ¡PERO DEBE ATACAR AHORA!

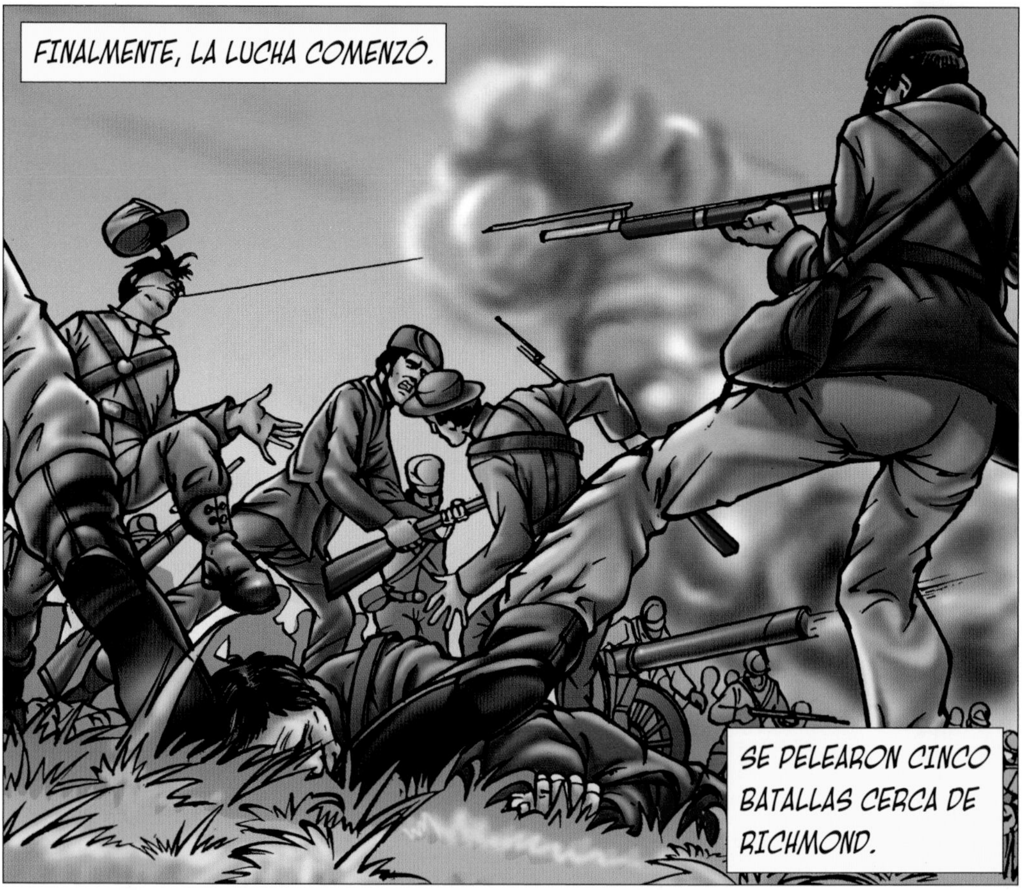
FINALMENTE, LA LUCHA COMENZÓ.
SE PELEARON CINCO BATALLAS CERCA DE RICHMOND.

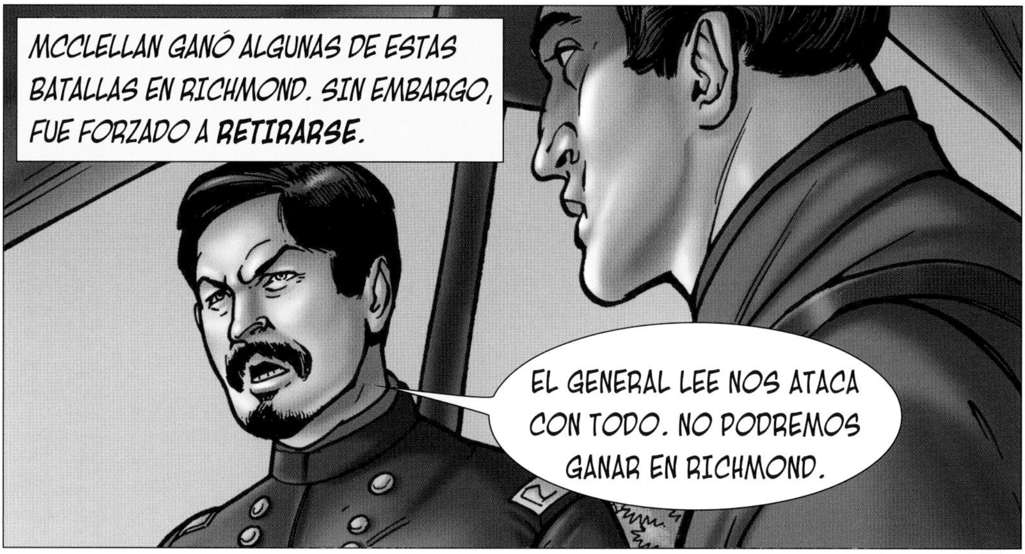
MCCLELLAN GANÓ ALGUNAS DE ESTAS BATALLAS EN RICHMOND. SIN EMBARGO, FUE FORZADO A **RETIRARSE.**
EL GENERAL LEE NOS ATACA CON TODO. NO PODREMOS GANAR EN RICHMOND.

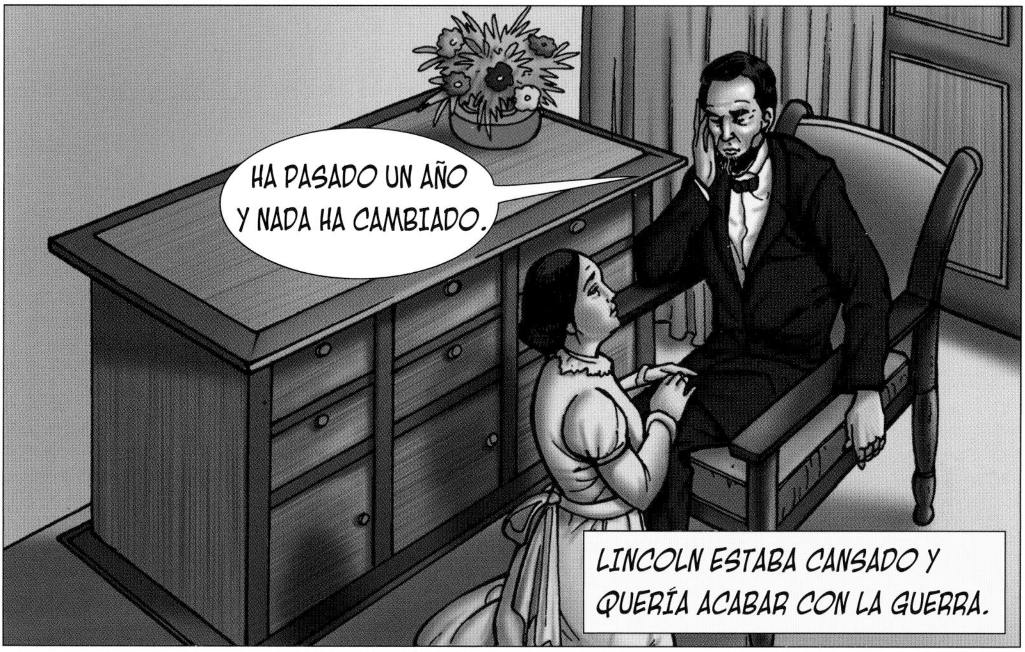
HA PASADO UN AÑO Y NADA HA CAMBIADO.
LINCOLN ESTABA CANSADO Y QUERÍA ACABAR CON LA GUERRA.

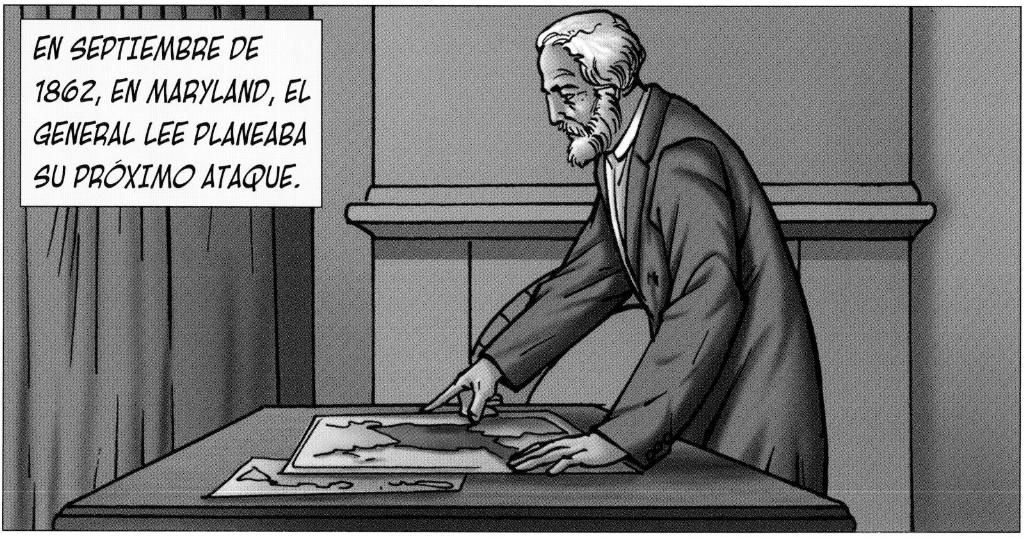
EN SEPTIEMBRE DE 1862, EN MARYLAND, EL GENERAL LEE PLANEABA SU PRÓXIMO ATAQUE.

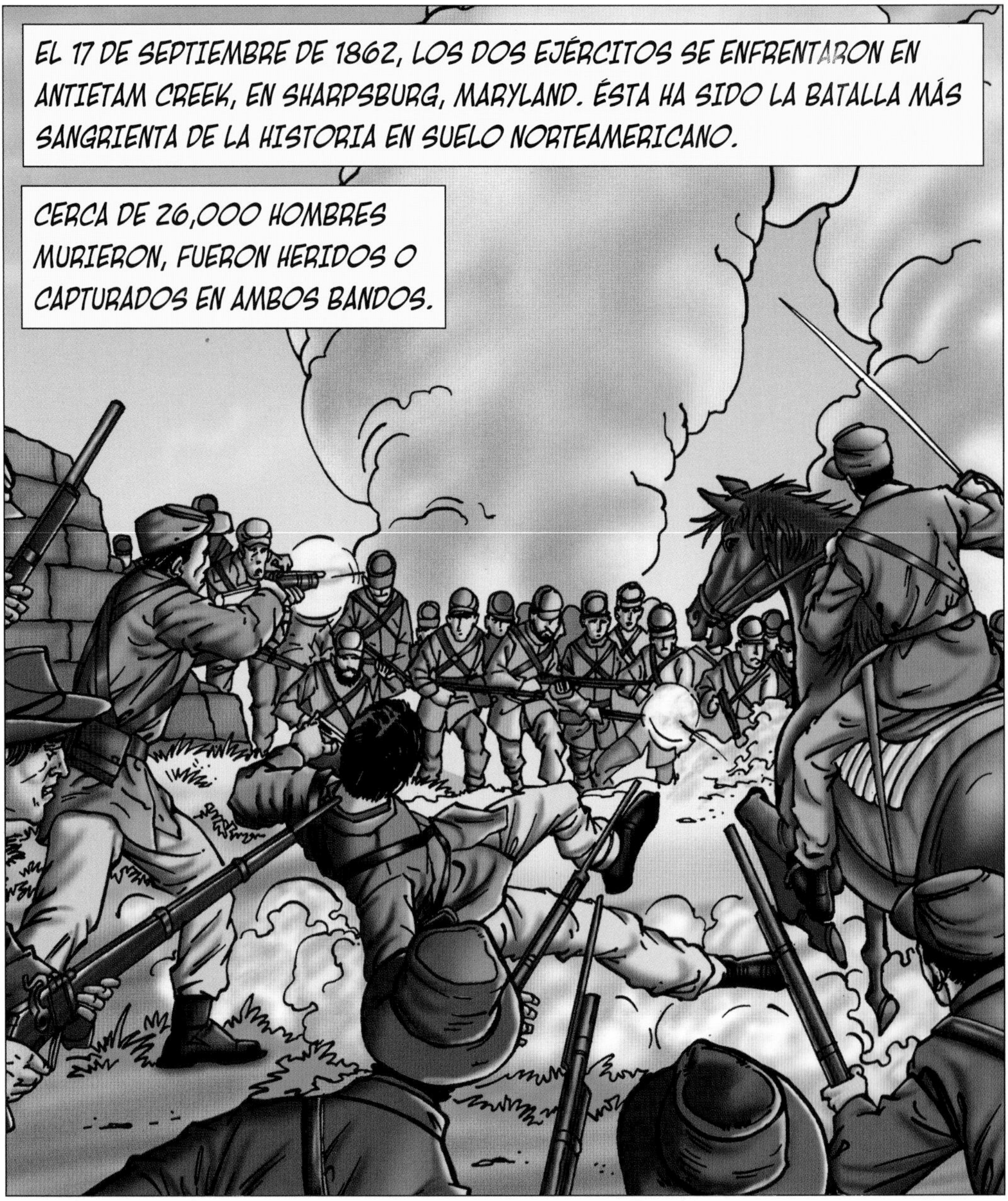
EL 17 DE SEPTIEMBRE DE 1862, LOS DOS EJÉRCITOS SE ENFRENTARON EN ANTIETAM CREEK, EN SHARPSBURG, MARYLAND. ÉSTA HA SIDO LA BATALLA MÁS SANGRIENTA DE LA HISTORIA EN SUELO NORTEAMERICANO.
CERCA DE 26,000 HOMBRES MURIERON, FUERON HERIDOS O CAPTURADOS EN AMBOS BANDOS.

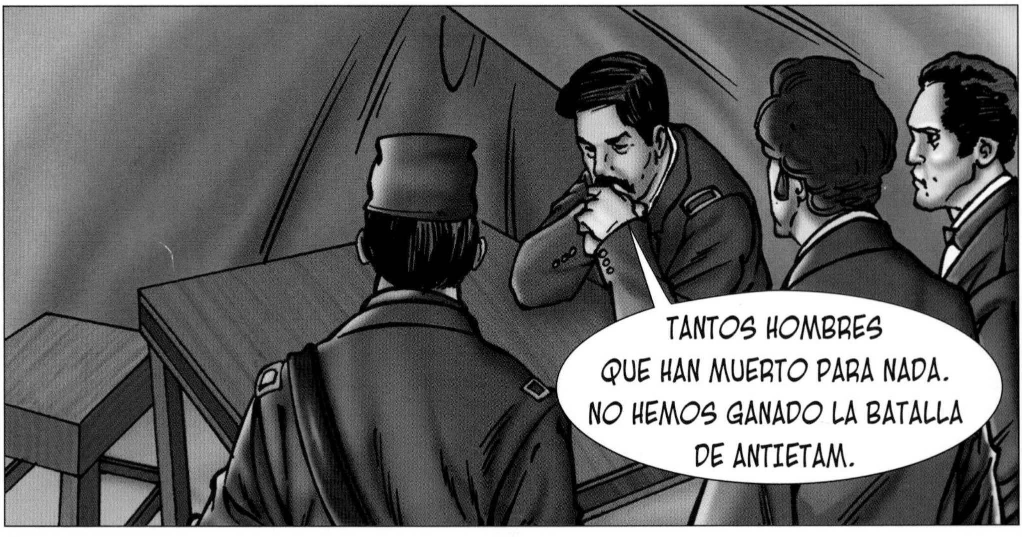
TANTOS HOMBRES QUE HAN MUERTO PARA NADA. NO HEMOS GANADO LA BATALLA DE ANTIETAM.

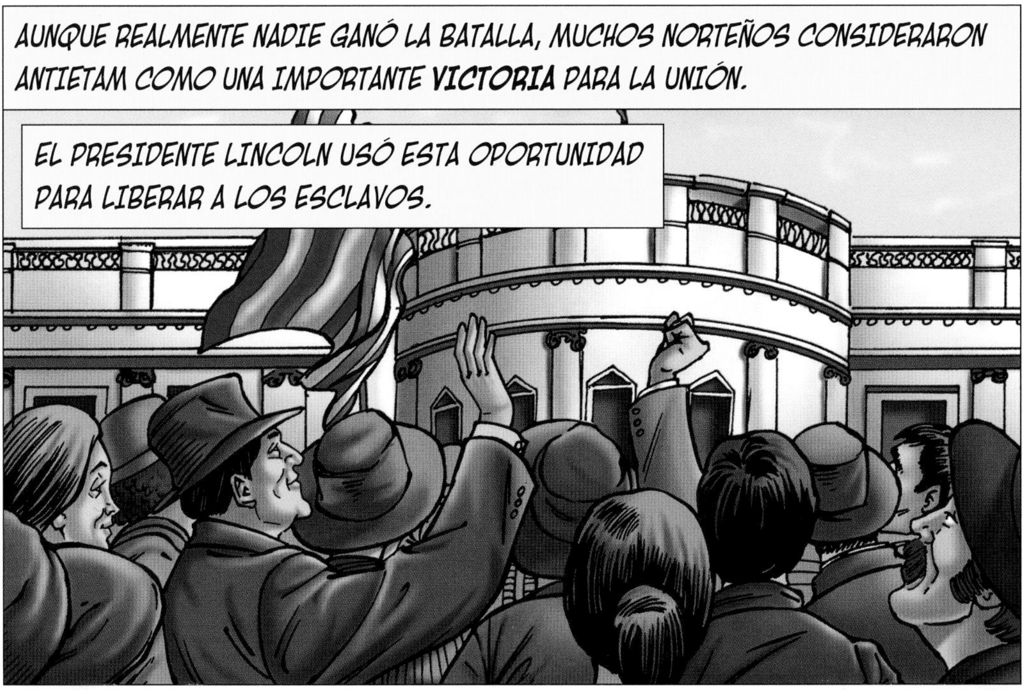
AUNQUE REALMENTE NADIE GANÓ LA BATALLA, MUCHOS NORTEÑOS CONSIDERARON ANTIETAM COMO UNA IMPORTANTE **VICTORIA** PARA LA UNIÓN.
EL PRESIDENTE LINCOLN USÓ ESTA OPORTUNIDAD PARA LIBERAR A LOS ESCLAVOS.

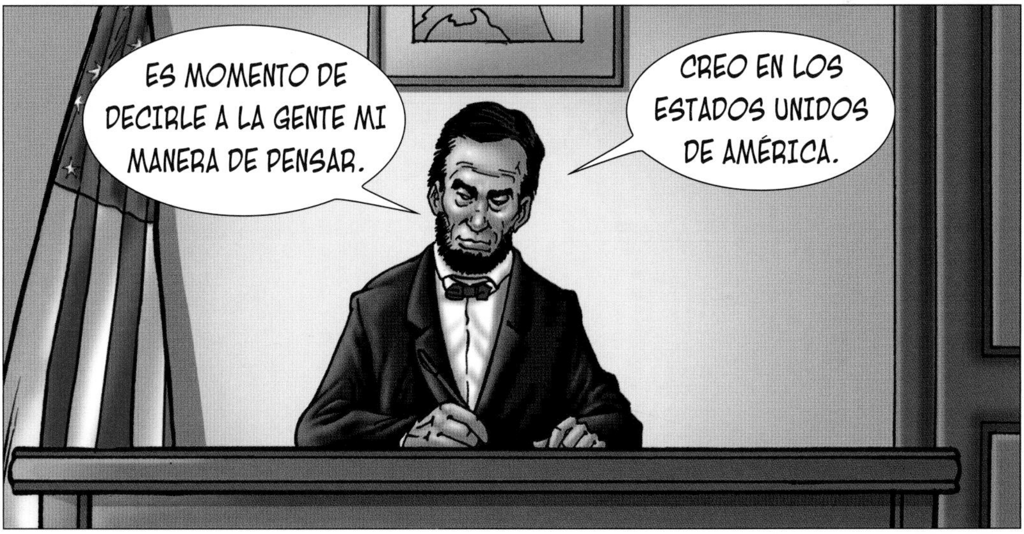
ES MOMENTO DE DECIRLE A LA GENTE MI MANERA DE PENSAR.
CREO EN LOS ESTADOS UNIDOS DE AMÉRICA.

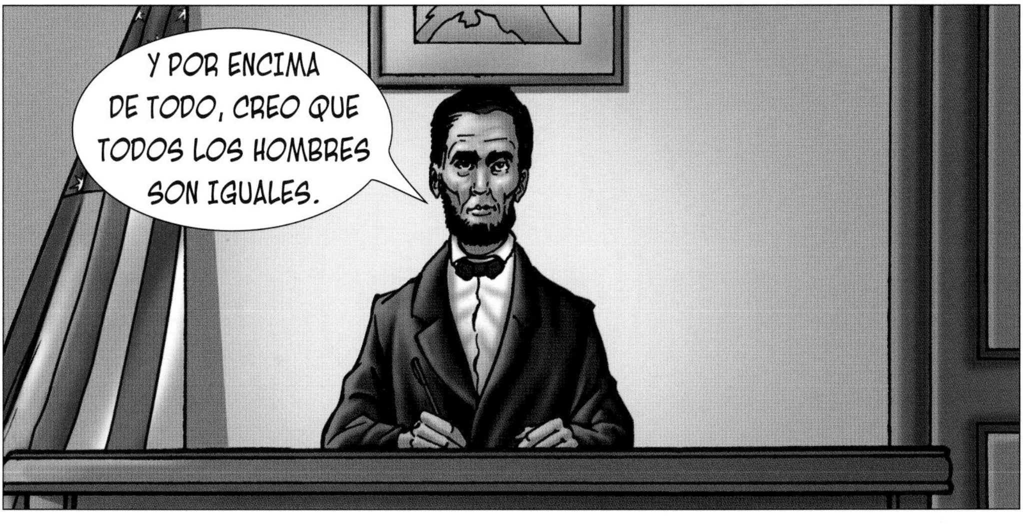
Y POR ENCIMA DE TODO, CREO QUE TODOS LOS HOMBRES SON IGUALES.

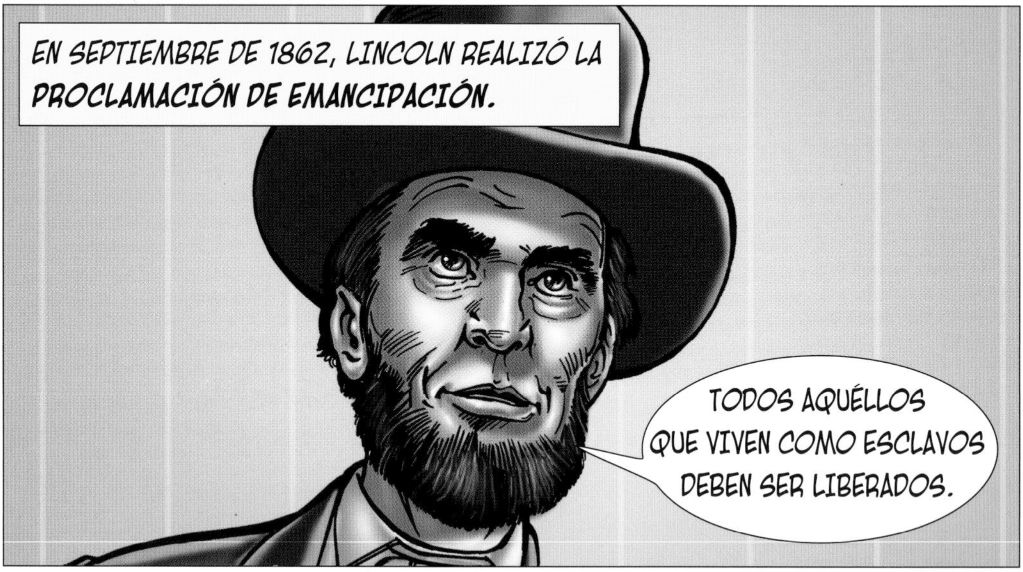
EN SEPTIEMBRE DE 1862, LINCOLN REALIZÓ LA PROCLAMACIÓN DE EMANCIPACIÓN.
TODOS AQUÉLLOS QUE VIVEN COMO ESCLAVOS DEBEN SER LIBERADOS.

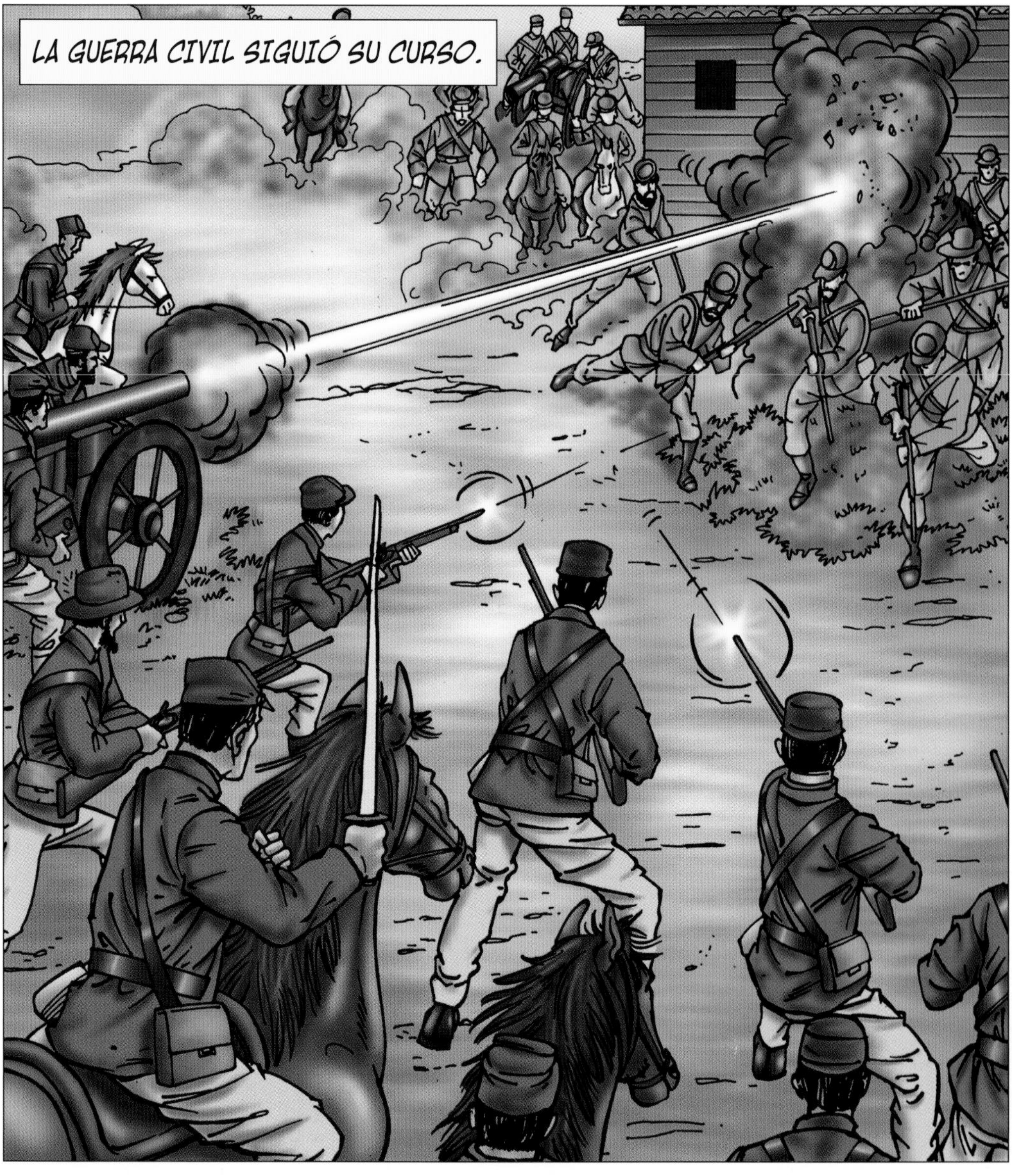
LA GUERRA CIVIL SIGUIÓ SU CURSO.

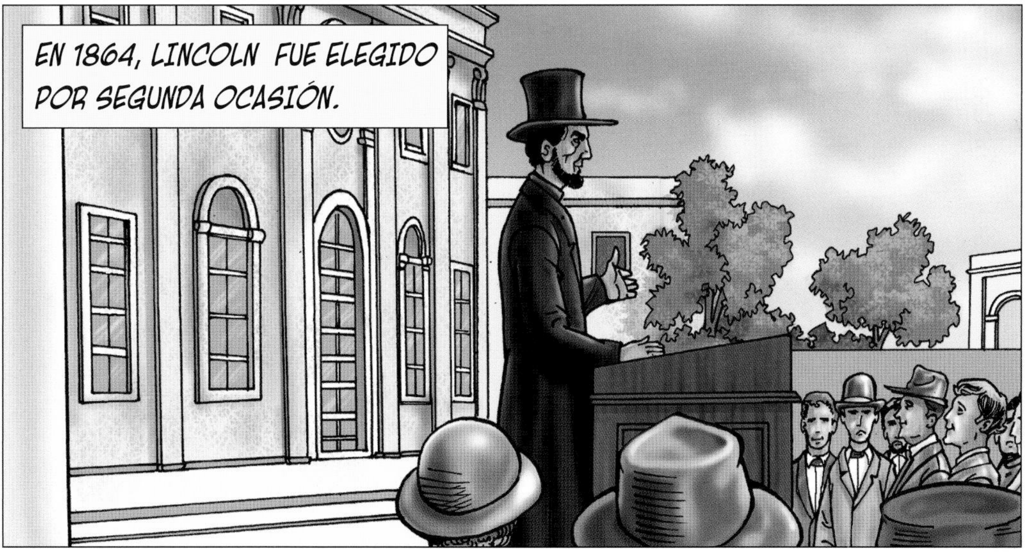
EN 1864, LINCOLN FUE ELEGIDO POR SEGUNDA OCASIÓN.

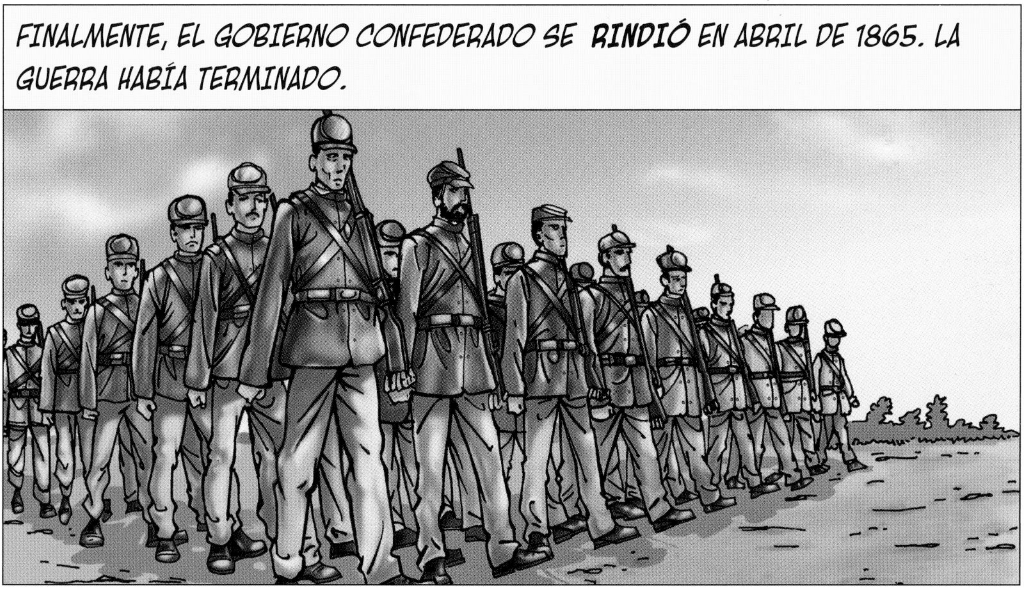
FINALMENTE, EL GOBIERNO CONFEDERADO SE **RINDIÓ** EN ABRIL DE 1865. LA GUERRA HABÍA TERMINADO.

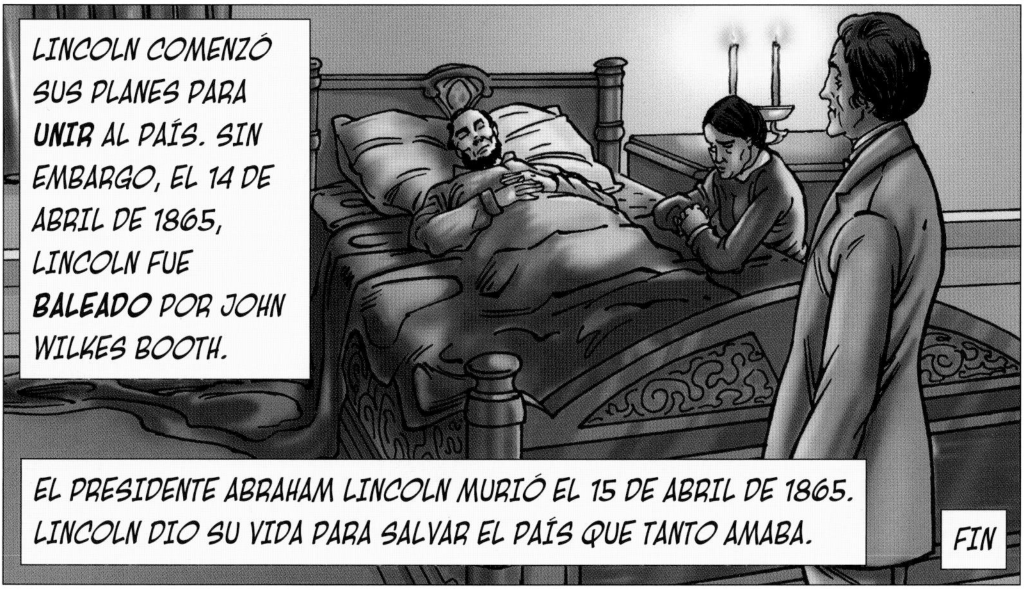
LINCOLN COMENZÓ SUS PLANES PARA **UNIR** AL PAÍS. SIN EMBARGO, EL 14 DE ABRIL DE 1865, LINCOLN FUE **BALEADO** POR JOHN WILKES BOOTH.
EL PRESIDENTE ABRAHAM LINCOLN MURIÓ EL 15 DE ABRIL DE 1865. LINCOLN DIO SU VIDA PARA SALVAR EL PAÍS QUE TANTO AMABA.
FIN

CRONOLOGÍA

1809	El 12 de febrero nace Abraham Lincoln en el condado Hardin, Kentucky.
1834	Lincoln es elegido en el gobierno estatal de Illinois.
1842	Lincoln se casa con Mary Todd.
1846	Lincoln es elegido en la Cámara de Diputados de los Estados Unidos.
1850	Muere Edward, el hijo más pequeño de Lincoln.
1860	Lincoln es elegido presidente de los Estados Unidos.
1861	Lincoln da su discurso inaugural.
	Los estados del sur se separan de la Unión.
	Las fuerzas confederadas atacan el fuerte Sumter.
	Se pelea la primera batalla de Bull Run.
1862	Muere Willie, hijo de Lincoln.
	Se pelea las batallas de Shiloh y Antietam.
	Lincoln realiza la Proclamación de Emancipación.
1863	Lincoln da el Discurso de Gettysburg.
1865	Los estados confederados se rinden ante la Unión.
	El 14 de Abril, Lincoln es baleado por John Wilkes Booth.
	El 15 de Abril, muere el presidente Abraham Lincoln.

GLOSARIO

alistar Cuando la gente se une a las fuerzas armadas.

balear Dar un balazo a una persona.

degradar Bajar de rango a un oficial.

derrotar Vencer a alguien en un juego o batalla.

dividido Separado.

economía (la) La manera en la que un país o negocio usa sus recursos.

E.U.A. Estados Unidos de América.

Guerra Civil (la) La guerra entre los estados del norte y del sur de los Estados Unidos de 1861 a 1865.

inauguración (la) La apertura de un evento, o cuando un oficial del gobierno jura su lealtad a la constitución.

industria (la) Un negocio en el que mucha gente trabaja para hacer un producto.

oponerse Estar en contra de un grupo o persona.

Proclamación de Emancipación (la) Un papel, firmado por Abraham Lincoln durante la Guerra Civil, que liberó a los esclavos en los estados del sur.

rebelión (la) Pelear contra el propio gobierno.

rendirse Dejar de pelear.

retirarse Salirse de una pelea o una posición difícil.

reunirse Juntarse nuevamente tras haberse separado.

tabaco (el) Una planta que se usa para fumar.

Unión (la) La manera en que se conoce a los estados del norte que se quedaron con el gobierno nacional durante la Guerra Civil.

victoria (la) Ganar una batalla.

voluntarios (los) Soldados que no pertenecían al ejército antes de la guerra.

ÍNDICE

PÁGINAS EN INTERNET

Debido a los constantes cambios en los enlaces de Internet, Rosen Publishing Group, Inc. mantiene una lista de sitios en la red relacionados con el tema de este libro. Esta lista se actualiza regularmente y puede ser consultada en el siguiente enlace:
www.powerkidslinks.com/jgb/lincoln/